BEI GRIN MACHT SICH IHR WISSEN BEZAHLT

Bibliografische Information der Deutschen Nationalbibliothek:

Die Deutsche Bibliothek verzeichnet diese Publikation in der Deutschen National-
bibliografie; detaillierte bibliografische Daten sind im Internet über http://dnb.d-
nb.de/ abrufbar.

Impressum:

Copyright © 2016 GRIN Verlag, Open Publishing GmbH
Druck und Bindung: Books on Demand GmbH, Norderstedt Germany
ISBN: 9783668564442

Dieses Buch bei GRIN:

http://www.grin.com/de/e-book/379455/selbst-und-zeitmanagement-im-studium-
moeglichkeiten-und-grenzen

Frank Neumann

Selbst- und Zeitmanagement im Studium. Möglichkeiten und Grenzen

GRIN Verlag

GRIN - Your knowledge has value

Der GRIN Verlag publiziert seit 1998 wissenschaftliche Arbeiten von Studenten, Hochschullehrern und anderen Akademikern als eBook und gedrucktes Buch. Die Verlagswebsite www.grin.com ist die ideale Plattform zur Veröffentlichung von Hausarbeiten, Abschlussarbeiten, wissenschaftlichen Aufsätzen, Dissertationen und Fachbüchern.

Besuchen Sie uns im Internet:

http://www.grin.com/

http://www.facebook.com/grincom

http://www.twitter.com/grin_com

Selbstmanagement

Selbst- und Zeitmanagement im Studium: Möglichkeiten und Grenzen

Einsendepräsentation – Aufgabe 1

abgegeben am 15. Dezember 2016 im Prüfungssekretariat

SRH Fernhochschule Riedlingen

Modul: Selbstmanagement

Studiengang: Betriebswirtschaft und Management

Studiengang: Betriebswirtschaft und Management

Inhaltsverzeichnis

Abkürzungsverzeichnis

TK = Techniker Krankenkasse

FAZ = Frankfurter Allgemeine Zeitung

ZRM = Züricher Ressourcen Modell

Abbildungsverzeichnis

1. Grundlagen der Präsentation

Der private und berufliche Alltag kann ziemlich stressig sein. Die Hintergründe dafür sind sehr vielseitig. Die in Deutschland, im Jahr 2009, durchgeführte Forsa-Umfrage der TK und dem FAZ-Institut zum Thema *„Was löst bei Ihnen am meisten Stress aus?"* gibt einen genaueren Einblick zu diesen Hintergründen. Von den befragten Teilnehmern antworteten 43 Prozent auf die Frage, dass Studium, Beruf oder Schule der häufigsten Auslöser sei. Mit 27 Prozent waren finanzielle Sorgen der zweithäufigste Stressauslöser und mit 25 Prozent, an dritter Stelle, Fahrten zur Hauptverkehrszeit.[1] Es ist durchaus nachvollziehbar, dass Fernstudenten die Beruf und Studium vereinen somit vor besonderen Herausforderungen stehen. Um diese erfolgreich und möglichst stressfrei zu meistern, ist ein persönliches Selbst- und Zeitmanagement von entscheidender Bedeutung. Es gilt, eine ausgewogene Balance zwischen Arbeit- und Privatleben zu finden.

1.1 Motivation und Erwartungen

Die Gruppe der Zuhörer der heutigen Präsentation besteht aus 25 Studierenden des Studiengangs Betriebswirtschaft und Management, die im ersten Semester sind. In Bezug auf das Alter ist die Adressatengruppe sehr heterogen. Etwa 90 Prozent stehen im Berufsleben, während 30 Prozent eine Familie mit Kindern haben. Fünf Zuhörer haben bereits ein Studium an einer Präsenzhochschule abgebrochen. Eine Studierende hat wiederum bereits ein abgeschlossenes Chemiestudium. Die Studierenden erwarten eine informative und vor allem lehrreiche Veranstaltung, die ihnen hilft, das Fernstudium stressfrei und erfolgreich zu absolvieren. Dabei ist anzunehmen, dass die Studierenden mit Familie auf Informationen zum Vereinen von Studium, Beruf und Familie besonders großen Wert legen, während sich die studierte Chemikerin, die in Vollzeit berufstätig ist, vermutlich Methoden und Strategien zum Zeitmanagement aneignen möchte. Die Studenten, die bereits ein Präsenzstudium abgebrochen haben, stehen wiederum unter Erfolgsdruck. Es

---

[1] Vgl. TK und FAZ-Institut (22. Juli 2016), http://de.statista.com.

liegt nahe, dass sie besonders das Selbstmanagement zur Zielsetzung und Selbstreflexion fokussieren. Im Allgemeinen erhoffen sich die Studierenden eine spannende, praktische und anschauliche Präsentation mit einem roten Faden. Des Weiteren erwarten sie, am Ende offene Fragen stellen zu können und fundierte Antworten zu erhalten.

1.2 Nutzen

Das erfolgreiche Absolvieren eines Fernstudiums ist mit einigen Hürden verbunden, die es zu meistern gilt. Gerade zu Beginn ist die Gefahr einer Überforderung sehr groß. Vieles ist neu und die Fülle an Informationen muss erst einmal geordnet und verarbeitet werden. Es ist daher umso wichtiger, sich Strategien anzueignen, die eine sinnvolle Zeiteinteilung und Selbstorganisation ermöglichen. Der Nutzen der Präsentation ist damit zu erklären, dass die Zuhörer anhand der verschiedenen Ansätze und Modelle lernen, ihre Zeit effizienter und effektiver einzuteilen. In Hinblick auf das Konzept einer ‚Work-Life-Balance' sollen mehr zeitliche Spielräume für Familie, Freunde und Freizeit möglich werden und somit die allgemeine Lebensqualität deutlich erhöht werden. Außerdem lernen die Studierenden mit den Methoden eine gewisse Resilienz (Widerstandsfähigkeit) gegen Stress oder Überforderung um Alltag aufzubauen. Selbst- und Zeitmanagement ermöglicht ihnen, eine psychische und physische Stärke zu entwickeln, um negative Situationen, Rückschläge und Krisen zu meistern.[2] Letztendlich sollen sich die Studierenden nach dem Vortrag bestätigt und motiviert fühlen, sich für ein Fernstudium entschieden zu haben.

1.3 Zielsetzung und Kernbotschaft

Die Kernbotschaft der Präsentation ist, dass durch die Methoden und Strategien des Selbst- und Zeitmanagements tägliche Aufgaben einfacher organisiert werden können und somit mehr Erfolg und Lebensqualität

---

[2] Vgl. Ungericht, B./Wiesner, M.: 2011, http://www.zfo.de (Stand 12.11.2016)

sichergestellt wird. Die Zielsetzung der Präsentation ist es daher, den Studierenden praktische Fähigkeiten zur Selbstorganisation zu vermitteln und ihnen damit letztendlich eine wichtige Grundlage für ein erfolgreiches Studieren zu ermöglichen.

2. Konzeption der Präsentation

Das Fundament für eine wirkungsvolle Präsentation sind gut ausgearbeitete und logisch aufgebaute Inhalte.[3] Am Anfang einer Präsentation ist es auch wichtig, dass ein Soll-Ziel klar definiert wird. Für die Zielfindung eignet sich die SMART-Methode. Insgesamt beinhaltet die Präsentation eine Einleitung, einen Hauptteil und einen Schluss.[4]

2.1 Aufbau und Konzept

Um das Ziel bei meinem Vortrag zu erreichen, müssen meine Aussage und Argumente in eine geeignete Reihenfolge gebracht werden. Für den Aufbau meiner Präsentation nutzte ich daher eine Gliederung nach dem Schema IST-Ziel-Weg, das als roter Faden dient.[5] Der IST-Zustand stellt dabei die momentane bewusste Situation der Studierenden dar. Der Ziel-Zustand ist das durch Selbst- und Zeitmanagement erfolgreiche Studieren. Der Aufbau der Präsentation gestaltet sich somit so, dass der Weg zum Ziel-Zustand vermittelt wird, indem verschiedene Methoden zum Thema Selbst- und Zeitmanagement vertieft werden. Da der Erfolg meiner Präsentation durch die Überzeugungskraft und Reihenfolge meiner Aussagen steht und fällt, wende ich zur Formulierung und Strukturierung meiner Aussage unter anderem auch das Pyramiden-Prinzip nach Minto an. Dabei ist die Grundidee, dass das menschliche Gehirn automatisch versucht, Informationen in eine gewisse Ordnung und Reihenfolge zu bringen. Wichtig ist dabei auch, dass die Zuhörer meinen Ausführungen

---

[3] Vgl. Schick, D./Koch, A.: 2011, S. 39.
[4] Vgl. Thiele, A.: 2012, S. 79.
[5] Vgl. Schick, D./Koch, A.: 2011, S. 27f.

folgen können und sich meine Aussagen nicht widersprechen. Hierzu nutze ich die MECE-Regel.[6] „Schlechte Präsentationen hören einfach auf, gute Präsentationen haben einen Schluss".[7] Am Ende der Präsentation wird noch einmal die Kernbotschaft kurz zusammengefasst, da hier meistens die Aufmerksamkeit der Zuhörer noch einmal steigt. Neue Gedanken oder Informationen werden dabei jedoch nicht geäußert, sondern lediglich die wichtigsten Aussagen und Punkte wiederholt.[8] Zum Schluss bedanke mich herzlich bei allen Zuhörer und weise auf die nun im Anschuss stattfindende Fragerunde hin.

2.2 Medieneinsatz

Da die Interaktion des Publikums während des Vortrags eher gering gehalten werden soll und der Schwerpunkt auf der transportierenden Detailtiefe liegt, werden für die Präsentation PowerPoint-Folien verwendet.[9] Sie dienen als eine Art ‚Deckblatt' für die einzelnen Themen. Es wird großen Wert darauf gelegt, dass die Folien mit nicht zu viel Text ‚überladen' sind, sondern Bilder und Illustrationen eine hohe Aufmerksamkeit bei den Zuhörern erzeugen. Als weiteres Medium wird bei der Gruppengröße von 25 Personen zur idealen Ergänzung ein Flipchart genutzt.[10] Auf ihm befindet sich die Agenda, die als Übersicht und Fahrplan der Präsentation dient. Gleichzeitig hilft er dem Zuhörer, sich einen Überblick zu verschaffen und wirkt somit als roter Faden. Falls ein Zuhörer während des Vortrags den Überblick verliert, kann er mit einem Blick auf den Flipchart wieder die Orientierung finden.

---

[6] Vgl. Schick, D./Koch, A.: 2011, S. 40ff.
[7] Schick, D./Koch, A.: 2011, S. 57.
[8] Vgl. Schick, D./Koch, A.: 2011, S. 57.
[9] Vgl. Schick, D./Koch, A.: 2011, S. 49.
[10] Vgl. Thiele, A.: 2012, S. 99.

2.3 Zeitliche Planung

Bei der zeitlichen Planung lege ich besonders darauf Wert, dass ich meinen festgelegten und vorgegebenen Zeitrahmen von 20 Minuten einhalte. Gerade in Bezug auf meinen Vortrag zum Thema Selbst- und Zeitmanagement ist dies für meine Authentizität und Glaubwürdigkeit gegenüber dem Publikum von hoher Bedeutung. Mehrmalige Probedurchläufe und eine unauffällige Zeitwiedergabe während der Präsentation, z. B. durch eine kleine digitale Uhr, wirken dabei unterstützend. Die im Anschluss stattfindende Diskussionsrunde, in der intensiv auf mögliche Frage der Teilnehmer eingegangen wird, zählt nicht zur 20-minütigen Präsentationszeit.

2.4 Gliederung

Folie Nr. 1, Thema: Einführung (2 Minuten)
Inhalt/wissenschaftlicher Bezug:
Herzliche Begrüßung der Zuhörer und die Vorstellung meinerseits. Vorstellung des Themas und ein kurzer Hinweis, sich Fragen während der Präsentation zu notieren und bitte am Ende im Rahmen der Diskussionsrunde zu stellen. Um die notwendige Aufmerksamkeit der Zuhörer zu erhalten, wird mit einer Geschichte begonnen. Sie bezieht sich auf meinen Semesterstart und mit dem damit verbunden Thema Zeit- und Selbstmanagement. Die Zuhörer werden damit abgeholt und an die Präsentation herangeführt.

Argumentationstechnik:
Hier nutze Ich die narrative Form der Einleitung. Die Grundstruktur der logischen Einleitung besteht in dem Schema: Situation – Problem – Lösung.

Flipchart, Thema: Einleitung – Gliederung (1 Minute)
Inhalt/wissenschaftlicher Bezug:
- Einführung
- Selbstmanagement
- Zeitmanagement

- Work-Life-Balance
- Fazit

Argumentationstechnik:

Hier verwende ich die Top-Down Vorgehensweise. Ich beginne mit dem ersten Punkt meiner Gliederung und arbeite mich bis zum letzten Punkt durch.

Folie Nr. 2, Thema: Selbstmanagement (2 Minuten)

Inhalt/wissenschaftlicher Bezug:

Selbstmanagement ist ein Oberbegriff für viele Fähigkeiten, die insgesamt zu besserer Selbststeuerung anleiten und zur eigenständigen Problembewältigung befähigen.[11] Ein zentraler Punkt für erfolgreiches Selbstmanagement ist in der individuellen Zielsetzung zu sehen. In verschiedenen Modellen, wie in der Selbstmanagement-Therapie nach Kanfer oder dem ZRM nach Storch und Krause, spielt die Zielsetzung eine wichtige Rolle. Bezogen auf den Berufs- und Studienalltag bedeutet dies, sich Ziele zu setzen und diese fortlaufend zu beobachten und zu bewerten.[12] Dazu eignet sich die bewährte SMART-Methode. Ziele sollen demnach spezifisch, messbar, aktionsorientiert, realistisch und terminiert sein.[13]

Argumentationstechnik:

Hier argumentiere ich nicht nach einer bestimmten Technik, sondern führe die Definition von Selbstmanagement auf. Mit einem Praxisbeispiel aus meiner persönlichen Zielsetzung im Studium gehe ich kurz auf das Thema von Zielen im studentischen Selbstmanagement ein.

Folie Nr. 3, Thema: False-Hope-Syndrom (2 Minuten)

Inhalt/wissenschaftlicher Bezug:

Die beiden Psychologen Polivy und Hermann fanden heraus, dass zu hoch gesteckte und unrealistische Ziele sowie Erwartungen im Zusammenhang mit gescheiterten Vorhaben stehen. Sobald ein Ziel nicht erreicht wird, ist die Gefahr groß, die Motivation zu verlieren. Es besteht das latente Risiko, gesetzte

---

[11] Vgl. Kanfer, F.H./Reinecker, H./Schmelzer, D.: 2000, S. 6.
[12] Vgl. Wiese, B.S.: 2004, S. 18f.
[13] Vgl. Seiwert, L.J.: 2009, S. 75f.

Ziele fallen zu lassen.[14] Daher ist es gerade zu Beginn des Studiums wichtig, ein Bewusstsein für Rückschläge im Veränderungsprozess zu haben, um weiterhin motiviert zu bleiben.

Argumentationstechnik:

Dies argumentiere ich anhand eines Praxisbeispiels. Oft ist die Anfangsmotivation für eine Hausarbeit groß und es wir versucht, die Hausarbeit so schnell wie möglich zu schreiben. Doch durch verschiedene Störfaktoren wird einem schnell deutlich, dass sich der gesteckte Zeitrahmen nicht einhalten lässt. Anstatt sich auf ein einziges hochgestecktes Ziel festzulegen, ist es motivierender, Teilziele in Form von Kapiteln zu formulieren und zu verfolgen. Aus den Erfolgsgefühlen wird dann Kraft für die Verfolgung des nächsten (Teil-) Ziels geschöpft.

Folie Nr. 4, Thema: Pareto-Prinzip (1 Minute)

Inhalt/wissenschaftlicher Bezug:

Das Pareto-Prinzip besagt, dass 80 Prozent der Ergebnisse in 20 Prozent der Gesamtdauer eines Projekts erzielt werden. Somit verursachen die restlichen 20 Prozent der Ereignisse innerhalb eines Projekts die größte Arbeit.[15] Dieses Wissen kann beim Definieren von Zielen und beim Planen von Maßnahmen im Studium von erheblichem Vorteil sein. Es ist somit möglich, mit etwa 20 Prozent der richtig eingesetzten Zeit und Energie 80 Prozent des Ergebnisses zu erreichen. Es gilt somit die Erfolgsverursacher herauszufinden.[16]

Argumentationstechnik:

Dies argumentiere ich nach der logischen Kette nach Minto. Es wird zu viel Zeit in Aufgaben investiert, die nicht das gewünschte Ergebnis erzielen. Es sind somit zunächst die eigenen Aktivitäten zu untersuchen, um die Aufgaben herauszufiltern aus denen, mit einem Zeiteinsatz von 20 Prozent, 80 Prozent der Erfolge resultieren.

---

[14] Vgl. Jochum, I./Jochum, E./Koch, A.: 2011, S. 11.
[15] Vgl. Jochum, I./Jochum, E./Koch, A.: 2011, S. 75.
[16] Vgl. Seiwert, L.J.: 2010, S. 29.

Folie Nr. 5, Thema: ABC-Analyse (2 Minuten)

Inhalt/wissenschaftlicher Bezug:

Es ist wichtig, sich an einem Arbeitstag Prioritäten zu setzten. Es gilt dabei zu entscheiden, welche Aufgaben erstrangig, zweitrangig und welche nachrangig zu bearbeiten sind. Die ABC-Analyse zeigt eine Werteanalyse der Zeitverwendung für die Aufgaben auf. Die Priorisierung von Aktivitäten wird dabei in wichtige A-Aufgaben, delegierbare B-Aufgaben und unwichtige C-Aufgaben aufgeteilt. Es folgt die Annahme, dass z. B. A-Aufgaben etwa 15 Prozent der tatsächlichen Zeitaufwendung ausmachen und dafür aber 65 Prozent zur Zielerreichung beitragen. C-Aufgaben wiederum machen 65 Prozent der Zeitverschwendung aus und tragen aber nur zu 15 Prozent der Zielerreichung bei.[17]

Argumentationstechnik:

Dies argumentiere ich anhand der logischen Kette nach Minto. Der Prozess bei einer falschen Priorisierung ist bekannt. Als Beispiel dient die Klausurvorbereitung. Oftmals wird viel Zeit für Aufgaben verschwendet, die nicht zur Vorbereitung der Klausur dienen. Widmet man sich dann der zielführenden Vorbereitung, fehlt einem diese Zeit und man ist schnell frustriert, weil es zu keiner vernünftigen Vorbereitung mehr reicht. Hier ist es daher ratsam, die ABC-Analyse anzuwenden. Durch die aktive Steuerung des Ablaufs konzentriert man sich auf die wesentlichen Dinge und erzielt damit eine ausgewogene Relation zwischen Zeit und Zielerreichung.[18] Zur Visualisierung wird auf der Folie neben dem Aktionstitel ‚ABC-Analyse' die ‚Wertanalyse der Zeitverschwendung (ABC-Analyse)' von Seiwert zu sehen sein.

Folie Nr. 6, Thema: Eisenhower-Prinzip (2 Minuten)

Inhalt/wissenschaftlicher Bezug:

Das Eisenhower-Prinzip ist ebenfalls eine Methode, um besser Prioritäten setzen zu können. Es beruht auf Dwight D. Eisenhower. Das Entscheidungsraster wird nach den Kriterien Wichtigkeit und Dringlichkeit

---

[17] Vgl. Seiwert, L.J.: 2010, S. 40f.
[18] Vgl. Seiwert, L.J.: 2010, S. 43.

belegt. [19] A-Aufgaben, die sowohl wichtig wie auch dringlich sind, sollten sofort erledigt werden. B-Aufgaben, die zwar wichtig, aber nicht dringlich sind, können terminiert werden. C-Aufgaben erscheinen dringlich, aber nicht wichtig, und können delegiert oder nachrangig bearbeitet werden. Zuletzt können Aufgaben, die weder Dringlichkeit noch Wichtigkeit aufweisen, direkt in den Papierkorb gelegt werden. [20]

Argumentationstechnik:

Hier argumentiere ich nach der logischen Kette nach Minto. Es ist ratsam, Alltagsaufgaben, ob in Studium, Beruf oder Privatleben, nach dem aufgezeigten Schema zu kategorisieren. Es besteht sonst die Gefahr, wertvolle Zeitressourcen zu verschwenden. Auch das Pareto-Prinzip sollte man sich hier noch einmal vor Augen führen. In der Regel werden mit 20 Prozent der zur Verfügung stehenden Zeit 80 Prozent der Aufgaben erledigt. Für die übrigen 20 Prozent der Aufgaben werden 80 Prozent der Zeit benötigt. Zur Verdeutlichung des Eisenhower-Prinzips ist auf der Folie ein Entscheidungsraster zu sehen.

Folie Nr. 7, Thema: Alpen-Methode (2 Minuten)
Inhalt/wissenschaftlicher Bezug:
Es empfiehlt sich bei Zeitplänen, zunächst die Planung eines einzelnen Tages. Dabei ist es wichtig, Tagespläne immer schriftlich zu verfassen, um eine Übersicht zu behalten und Tageserfolge zu erkennen. Die von Seiwert entwickelte ALPEN-Methode zur Zeitplanung unterstützt dabei die Entwicklung eines realistischen Tagesplans. Das Wort ALPEN ist mit den folgenden Anfangsbuchstaben zu erklären: Aufgaben notieren, Länge der Tätigkeit schätzen, Pufferzeiten für Störfaktoren einkalkulieren, Entscheidungen über Prioritäten und Kürzungen sowie Delegation treffen und Nachkontrolle durch Übertragung von Unerledigtem. [21]

Argumentationstechnik:

Hier verwende ich keine bestimmte Argumentationstechnik, sondern verdeutliche die Methode mit einem eigenen Praxisbeispiel. Mit einem auf der

---

[19] Vgl. Seiwert, L.J.: 2010, S. 63.
[20] Vgl. Heister, W.: 2007, S. 62.
[21] Vgl. Seiwert, L.J.: 2010, S. 36f.

Folie ersichtlichen Tagesplan von mir zeige ich kurz auf, wie ich in durchschnittlich 10 Minuten täglicher Planungszeit mehr Zeit für das Wesentliche gewinne. Da ich durch die Planung den Überblick behalte, arbeite ich produktiver und habe deutlich weniger Stress und deutlich mehr Erfolg im Berufs- und Privatleben.[22]

Folie Nr. 8, Thema: Schluss mit Aufschieben (2 Minuten)
Inhalt/wissenschaftlicher Bezug:
Wichtige Dinge werden immer wieder aufgeschoben. Mehreren international durchgeführte Studien bringen dies auf dem Punkt. Nach ihren Ergebnissen zufolge schieben 20 bis 47 Prozent der Befragten wichtige Dinge auf. Bei Studenten liegt der Anteil mit bis zu 70 Prozent deutlich höher.[23] Grundlegende Ursachen für die Problematik des Umgangs mit Zeit sind auf die Natur des Menschen zurückzuführen. Perfektionismus, Stolz, Neugier, Neid und Angst vor neuen Herausforderungen sind menschliche Wesenszüge, die den vernünftigen Umgang mit Zeit erschweren.[24] Die Voraussetzung, um nicht mehr aufzuschieben, ist seine Selbstzweifel, Angst und Selbstwertprobleme zu akzeptieren. Durch dieses Zugeständnis gewinnt man Kraft, um neue Ideen und hilfreiche Arbeitstechniken anwenden zu können.[25]

Argumentationstechnik:
Um die Aufmerksamkeit der Zuhörer hier noch einmal zu erhöhen, wende ich das Storytelling an. Ich erzähle von meinem eigenen Studiumsbeginn und dem damit verbundenen Aufschieben von wichtigen Aufgaben im Alltag. Mit dem erneuten kurzen Aufführen der Selbststeuerungstechniken zeige ich, wie der Wille gegen das Aufschieben zu bilden ist.

Folie Nr. 9, Thema: Work-Life-Balance (2 Minuten)
Inhalt/wissenschaftlicher Bezug:
In erster Linie geht es beim Selbstmanagement darum, sich selbst zu führen und zu organisieren. Beim Zeitmanagement wird wiederum versucht, die Zeit so

---

[22] Vgl. Heister, W.: 2007, S. 62.
[23] Vgl. Rückert, H.W.: 2014, S. 16.
[24] Vgl. Mackenzie, A.: 1995, S. 16f.
[25] Vgl. Rückert, H.W.: 2014, S. 35.

effektiv wie möglich zu nutzen.[26] Insgesamt kann mit den bisher vermittelten Selbst- und Zeitmanagementmethoden eine bessere Balance im Leben erreicht werden. Diese Ausgewogenheit zwischen Privat- und Berufsleben wird auch als Work-Life-Balance bezeichnet. Allerdings wird dabei nicht berücksichtigt, dass es beim Führen eines erfüllten Lebens letztlich um das Management zwischen Beziehungen von Werte geht. Um dies bei der Lebensplanung und Gestaltung zu berücksichtigen, hat Seiwert das Life-Leadership-Konzept entwickelt.[27] Es hilft bei der aktiven und eigenverantwortlichen Gestaltung des Lebens und dient als ganzheitliches Lebenskonzept.

Argumentationstechnik:

Hier argumentiere ich nach der logischen Gruppe von Minto. „Die einzige Möglichkeit, langfristig Glück und Erfüllung zu finden, besteht darin, im Einklang mit seinen Werten zu leben."[28] Mit dem von Seiwert entwickelten Modell der Lebens-Balance verfügt man über ein praxisnahes und anschauliches Konzept, um dieses Ziel zu erreichen. Es erscheint durchaus sinnvoll, neben Arbeit/Leistung und Familie/Kontakte auch Körper/Gesundheit und Sinn/Kultur als Werte miteinzubeziehen.[29] Um dies zu verdeutlichen und zu vermitteln, ist auf der Folie neben dem Aktiontitel ‚Work-Life-Balance' das Lebens-Balance-Modell nach Seiwert zu sehen.

Folie Nr. 10, Thema: Fazit (2 Minuten)
Inhalt/wissenschaftlicher Bezug:
Auf der Schlussfolie wird das Thema noch einmal kurz zusammengefasst. Die Kernbotschaft wird in Form eines Schlussappels auf den Punkt gebracht. Durch effizientes Selbst- und Zeitmanagement kann ein Fernstudium in Harmonie zum beruflichen Alltag und Privatleben erfolgreich gemeistert werden. Ein passendes Zitat ist dazu auf der Folie zu lesen. Ich bedanke mich ganz herzlich bei den Zuhörern und verteile mit dem Handout ein kleines Geschenk. Nun wird in die Diskussionsrunde übergeleitet.

---

[26] Vgl. Seiwert, L.J.: 2001, S. 23.
[27] Vgl. Seiwert, L.J.: 2001, S. 25.
[28] Vgl. Seiwert, L.J.: 2009, S. 51.
[29] Vgl. Seiwert, L.J.: 2001, S. 24.

Argumentationstechnik:

Die Aufmerksamkeit der Zuhörer steigt noch einmal am Schluss. Dies wird genutzt, um die wichtigsten Aussagen zu wiederholen und auf die Dringlichkeit des Selbst- und Zeitmamagements zu verweisen.[30]

3. PowerPoint-Folie mit Beschreibung

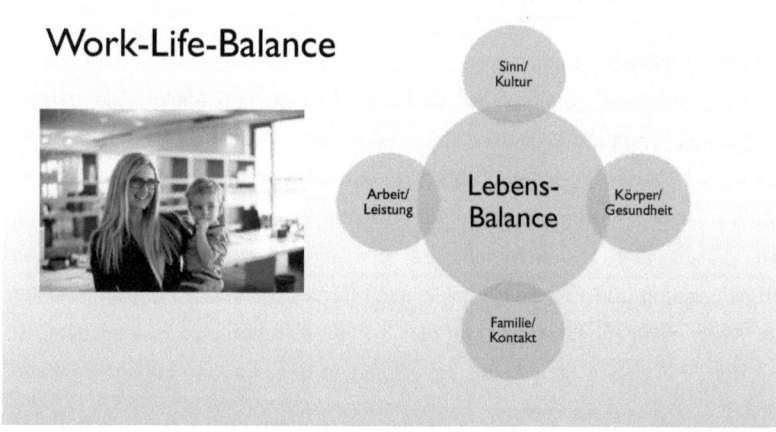

Abbildung 1: PowerPoint-Folie, Bild von Shutterstock.com[31]

Zu einer gelungenen Präsentation gehört eine sinnvolle und professionell gestaltete PowerPoint-Präsentation. Dabei ist es essenziell, dass die Präsentation erst visualisiert wird, wenn das Konzept mit vollständigem Inhalt bereits besteht. Von großer Bedeutung ist ebenfalls, wenn möglich, die Präsentation auf die Zuhörer abzustimmen. Da es sich hier um ein gemischtes Publikum und eine limitierte Zeitvorgabe handelt, wird für die inhaltliche Gestaltung eine lineare Präsentation als roter Faden gewählt.[32] Gleichzeitig findet die plakative Gestaltung, die als Grundregel für eine PowerPoint-Folie dient, hier ihre Anwendung. Die Zuhörer nehmen die markanten Punkte zur

---

[30] Vgl. Schick, D./Koch, A.: 2011, S. 57.
[31] Eigene Darstellung, in Anlehnung an Seiwert, L.J.: 2001, S. 24.
[32] Vgl. Flum, B.: 2003, S. 70f.

Lebensbalance schnell und leicht auf und können ihre Aufmerksamkeit dann wieder auf den Redner richten.[33] Des Weiteren wird bei der Gestaltung großer Wert auf die Zen-Methode gelegt. Der Vorteil der Methode liegt in ihrer Einfachheit und Klarheit. Steve Jobs war einer der besten Präsentatoren der Geschäftswelt und ein begeisterter Zen-Schüler. Seine Präsentationen zeichneten sich durch verbale und visuelle Klarheit aus.[34] Die Folie ist deshalb unaufdringlich und ausgewogen gestaltet und enthält entsprechenden Leerraum –nach dem Prinzip ‚Weniger ist mehr'.[35] Auf Effekte, Nummerierungen und Logos wird bewusst verzichtet. Durch den gezielten Einsatz der Farben und Kontraste wirkt die Folie harmonisch zum Titel ‚Work-Life-Balance'. Ein weiteres Prinzip, das bei der Foliengestaltung seine Anwendung findet, ist der Bildüberlegenheitseffekt. Bilder sind eine wirkungsvolle Kommunikationsmethode. Wir können uns an Bilder besser erinnern als an Worte. Am stärksten ist der Effekt, wenn Bilder und Worte sich auf dieselben Informationen stützen. Die auf dem Bild zu erkennende glückliche Geschäftsfrau mit ihrem Sohn verstärkt somit die Botschaft der Lebensbalance nach Seiwert. Wichtig beim Einsatz von Bildern mit Personen ist, dass die abgebildete Person nicht von anderen Elementen der Folie, wie dem Text, wegblickt. Somit ist das Bild offen und begleitend zum Text auf der Folie zu erkennen. Ein weiterer Vorteil von Bildern mit Gesichtern liegt im Erlangen der Aufmerksamkeit des Publikums. Unser Gehirn neigt von Natur aus dazu, Gesichtsmuster schneller und intuitiver zu erkennen, da vor allem auch Emotionen über Mimik vermittelt wird. Mit dem dargestellten Bild auf der Folie wird somit unbewusst die Aufmerksamkeit der Zuhörer erregt.[36]

4. Erfolgsfaktoren der Präsentation

Für eine erfolgreiche Präsentation spielen mehrere Faktoren eine entscheidende Rolle. Unter anderem sollte ein roter Faden in Form von Einleitung, Hauptteil und Schluss stets erkennbar sein.

---

[33] Vgl. Flum, B.: 2003, S. 78.
[34] Vgl. Reynolds, G.: 2012, S. 117f.
[35] Vgl. Reynolds, G.: 2012, S. 129.
[36] Vgl. Reynolds, G.: 2012, S. 144f.

Als ein wesentlicher Faktor ist hier auch die sogenannte Zielgruppenorientierung zu nennen. Darunter ist zu verstehen, dass jede Präsentation auf die Zuhörer abgestimmt werden muss. Ein gewisser Grad an Empathie und die Fähigkeit zum Perspektivenwechsel ermöglicht es, sich an den Erwartungen der Zuhörer zu orientieren. Dazu zählt auch die Visualisierung. Hierbei ist zu beachten, dass die gewählten Medien zum Thema, zur Erwartungshaltung und zur eigenen Persönlichkeit passen.[37] Einer der wichtigsten Erfolgsfaktoren ist die Kommunikation und die Wahrnehmung zwischen dem Präsentator und dem Publikum. Die hohe Bedeutung der Kommunikation auf verschiedenen Ebenen ist mit dem Eisberg-Modell, das auf den Begründer der Psychoanalyse Sigmund Freud zurückgeht, zu erklären.

Dem Eisberg-Modell liegt das Prinzip zugrunde, dass von einem Eisberg nur ein kleiner Teil von 20 Prozent sichtbar ist und der Großteil von 80 Prozent unter der Wasseroberfläche verborgen bleibt. Auf den Kommunikationsprozess übertragen bedeutet dies, dass nur ein kleiner Teil der Informationen über die Sachebene wahrgenommen wird. Sie wird meistens in sprachlicher Form übertragen. Die Beziehungsebene, die 80 Prozent der Information transportiert, wird durch Gestik und Mimik kommuniziert.[38] Es wird somit deutlich, dass die Körpersprache einen wichtigen Erfolgsfaktor bei einer gelungenen Präsentation darstellt. Durch die Wahl der passende Kleidung, einen sicheren und aufrechten Stand, offenen und ruhigen Blickkontakt mit dem Publikum sowie das bewusste Nutzen des Raums wird eine positive Wahrnehmung beim Zuhörer erzeugt.[39] Bei der sprachlichen Übertragung ist es wichtig, dass die Lautstärke zum Publikum und zum Raum passt und ein komplizierter Satzbau vermieden wird. Kurze und einfache Sätze sind hier das Erfolgsrezept. Ebenfalls ist eine klare und dialektfreie Aussprache sowie die Betonung und der Rhythmus von hoher Bedeutung.[40]

Um Emotionen bei den Zuhörern zu wecken, bietet es sich an, Geschichten zu erzählen. Diese Methode ist auch unter dem Begriff ‚Storytelling' bekannt. Sie erzeugt beim Publikum ein sogenanntes ‚Kopfkino' – eine Abfolge von Bildern vergleichbar mit Filmszenen. Dadurch werden Gefühle angesprochen und somit

---

[37] Vgl. Thiele, A.: 2010, S. 12f.
[38] Vgl. (o.V.): http://www.berufsstrategie.de (Stand 20.11.2016)
[39] Vgl. Reynolds, G.: 2012, S. 240ff.
[40] Vgl. Flum, P.: 2003, S. 107f.

die Aufmerksamkeit der Zuhörer wesentlich erhöht. Insgesamt kann durch das Erzählen von Geschichten dem Redner leichter gefolgt werden.[41] Werden die hier genannten Präsentationstechniken beachtet und die motivations- und kommunikationstechnischen Regeln umgesetzt, so wird der Redner vom Publikum positiv bewertet und wahrgenommen.

5. Reflexion der Lernerkenntnisse

In meinem bisherigen Berufsleben habe ich schon einige Präsentationen erstellt und gehalten. Meistens hatte ich dabei immer ein grobes Grundgerüst in Form einer PowerPoint-Präsentation, das ich mit möglichst vielen Informationen bestückt habe. Ein roter Faden war zu erkennen, jedoch habe ich nie viel Energie in die Vorbereitung gesteckt. Gleichzeitig war ich vielmehr mit der Gestaltung beschäftigt, anstatt das größte Augenmerk auf die inhaltliche Vorbereitung zu legen. Daraus resultierte, dass die Folien rückblickend recht überladen mit Informationen und Details waren. Das war bei dieser Präsentation anders. Zunächst analysierte ich die Empfänger meiner zu vermittelnden Informationen. Danach erstellte ich ein ausführliches und strukturiertes Konzept, was ich in der Vergangenheit höchstens in Form einer groben Gliederung getan hatte. Bei der Foliengestaltung wendete ich die ZEN-Methode an.

Ich habe somit gelernt, dass die Vorbereitung und Konzipierung einer Präsentation einen sehr wichtigen Stellenwert einnehmen, um die Zielsetzung und Kernbotschaft gezielter und effektiver an meine Zuhörer zu vermitteln. Dabei sehen ich auch die Strukturierung von Aussagen mit dem Pyramiden-Prinzip als großen Lerngewinn. Mir war bisher nicht bekannt, dass ich mit dieser Methode Präsentationen übersichtlicher und einprägsamer für die Zuhörer gestalten kann. Allgemein wurde mir bewusst, dass ich mit den erlernten Methoden und Techniken Präsentationen lebendiger und effizienter gestalten und halten kann. Es ist vielmehr die Planung wichtig, bevor man mit der eigentlichen Präsentation beginnt.

---

[41] Vgl. Thiele, A.: 2010, S. 65f.

In der Zukunft werde ich bei meinen Präsentationen viel Wert auf die Erwartungen der Zuhörer legen. Zudem werde ich mehr Zeit für die Konzipierung aufbringen. Sicherlich werde ich mich auch weiter mit den Ansätzen der Zen-Methode versuchen zu arbeiten, worauf ich mich schon sehr freue. Insgesamt stellen für mich die Studienbriefe zum Thema Selbstmanagement und Präsentationstechnik einen sehr hilfreichen Leitfaden dar, den ich noch sehr häufig im Studiums- und Berufsalltag nutzen und anwenden werde. Ich bin mir sicher, dass, wenn ich die Methoden und Techniken weiter fokussiere und anwende, deutlich erfolgreicher werde.

„Die Zeit ist wie der Wind: Richtig genutzt, bringt sie uns an jedes Ziel".[42]

(Lothar Seiwert)

---

[42] Seiwert, L.J.: 2010, S. 8.

Literaturverzeichnis

Flume, P.: Power Stories. Informieren, mitreißen und überzeugen mit Powerpoint-Präsentationen. Erlangen, 2003

Heister, W.: Studieren mit Erfolg: Effizientes Lernen und Selbstmanagement in Bachelor-, Master- und Diplomstudiengängen. Stuttgart, 2007

Jochum, I./Jochum, E./Koch, A.: Selbstmanagement. Studienbrief der SRH Fernhochschule Riedlingen. 4. Auflage. Riedlingen, 2011

Kanfer, F. H./Reinecker, H./Schmelzer, D.: Selbstmanagement-Therapie. Ein Lehrbuch für die klinische Praxis. 3. Auflage. Berlin/Heidelberg/New York, 2000

Mackenzie, A.: Die Zeitfalle. Der Klassiker für Zeitmanagement in Neuausgabe. 11. Auflage. Heidelberg, 1995

Reynolds, G.: ZEN oder die Kunst der Präsentation. Mit einfachen Ideen gestalten und präsentieren. 2., überarbeitete und aktualisierte Auflage. München, 2012

Rückert, H. W.: Schluss mit dem ewigen aufschieben. Wie Sie umsetzen, was Sie sich vornehmen. 8., überarbeitete Auflage. Frankfurt am Main, 2014

Schick, D./Koch, A.: Kreativitäts- und Präsentationstechnicken. Studienbrief der SRH Fernhochschule Riedlingen. 3. Auflage. Riedlingen, 2011

Seiwert, L. J.: Das neue 1x1 des Zeitmanagement. 9. Auflage. München, 2010

Seiwert, L. J.: Life-**Leadership**- Sinnvolles Selbstmanagement für ein Leben in Balance. Frankfurt/New York, 2001

Seiwert, L.J.: Noch mehr Zeit für das Wesentliche. Zeitmanagement neu entdecken. 1., überarbeitete und aktualisierte Auflage. München, 2009

Thiele, A.: Präsentieren ohne Stress. Wie Sie Lampenfiber in Auftrittsfreude verwandelt. 1. Auflage. Frankfurt am Main. 2010

Wiese, B. S.: Individuelle Steuerung beruflicher Entwicklung. Kernkompetenz in der modernen Arbeitswelt. Frankfurt/New York, 2004

Internetquellenverzeichnis

Gaertner, F.: Reconciliation of family and work life: Attractive blond woman in business attire **proudly** carrying a small boy in her arm in office environment. URL: http://www.shutterstock.com/pic-151028462/stock-photo-reconciliation-of-family-and-work-life-attractive-blond-woman-in-business-attire-proudly-carrying-a-small-boy-in-her-arm-in-office-environment (17. November 2016)

(o.V.): Eisberg Modell. Größer als Gedacht. URL: https://**www**.berufsstrategie.de/bewerbung-karriere-soft-skills/kommunikationsmodelle-eisberg-modell (20. November 2016)

TK, und F.A.Z.-Institut.: Was löst bei Ihnen am häufigsten Stress aus?. 2009. URL: http://de.statista.com/statistik/daten/studie/6803/unfrage/ursachen-fuer-stress/ (12. November 2016)

Ungericht, B./Wiesner, M.: Widerstandskraft von Individuen und Organisationen. In: Zeitschrift Führung + Organisation. 2011. URL: http://www.zfo.de/?mod=docDetail&docID=2624_12 (15. November 2016)